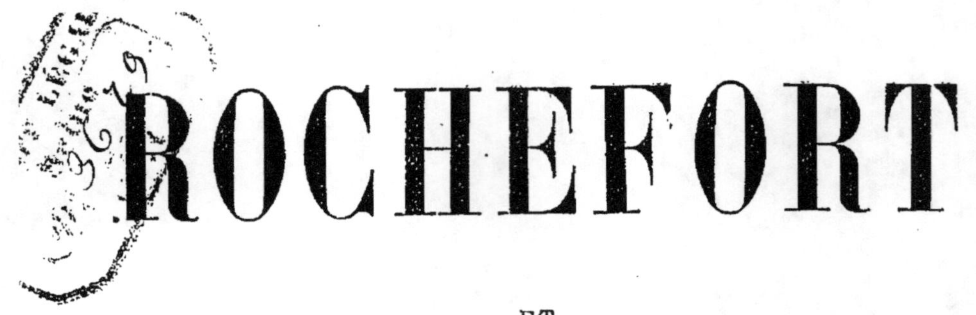

ROCHEFORT

ET

LA COMMUNE

PAR

J. DESTREM

<hr>

PRIX : 15 CENTIMES

<hr>

EN VENTE

CHEZ TOUS LES LIBRAIRES, DANS LES KIOSQUES ET LES GARES
et chez l'Auteur, 50, rue Vavin, à Paris.

1871

ROCHEFORT

ET LA COMMUNE

Au mois d'avril dernier, je rencontrai Eugène Mourot.

— Eh bien, lui dis-je, voilà le *Mot d'Ordre* qui recommence ses fredaines?...

— Mais, mon cher ami, peut-être serons-nous très sages... Rochefort a voulu venir ici...

— Il a tenu à se jeter dans la gueule du loup.

— Comme vous voudrez; dans tous les cas, il trouve que le devoir des Parisiens est de ne pas quitter Paris, en ce moment; il donne l'exemple. Quant à la politique, nous verrons.

— Prenez garde de vous attirer quelque méchante affaire!

Mourot me répondit par un geste résigné, puis, me serrant la main : — Venez de temps en temps au journal, j'y suis tous les soirs, nous causerons.

J'acceptai l'invitation. Paris était mortellement triste, les cafés déserts, les théâtres fermés, enfin mes instincts de badaud y trouvaient leur compte; je n'avais jamais vu Rochefort, et c'était là une occasion de le rencontrer.

***

Rochefort est beaucoup calomnié depuis trois mois :

cette proposition, qui est l'évidence même, pour les personnes qui sont restées à Paris, pendant que l'on y mettait le feu, paraîtra une énormité aux bons citoyens, qui, réfugiés en province, nous regardaient faire la chaîne. Lorsque nous affirmons à ces braves gens, qu'ils sont victimes d'une erreur, suffisamment expliquée par l'éloignement où ils se tenaient, qu'ils ont pu prendre un pompier pour un incendiaire, ils nous répondent avec assurance que de Versailles ils étaient commodément postés pour bien voir, et qu'ils avaient un télescope.

****

Au moment où Rochefort est appelé à expliquer devant un conseil de guerre, la conduite qu'il a tenue en avril 1871, le témoignage d'un passant, qui n'est ni son ami, ni son obligé, semblera peut-être utile à connaître. Je puis, dans une certaine mesure, rendre compte de l'emploi de son temps ; je me bornerai à l'exposé rapide de ce que j'ai pu le voir faire ou dire pendant nos deux mois de drapeau rouge, et je laisserai au lecteur le soin de conclure.

****

La première fois que je vis Rochefort, je pensai un instant que les photographes m'avaient volé : je ne reconnus que la barbiche, les yeux et le front ; que M. M... accepte ici mes très humbles excuses ; il m'avait vendu un Rochefort bien portant, évidemment j'avais en face de moi un malade, ou tout au moins, un convalescent mal guéri : un teint livide semé de plaques rougeâtres, une figure boursouflée, des cheveux rasés jusqu'au cuir, voilà, dans toute sa pureté, le Rochefort d'avril 1871, un Rochefort pas beau qu'il eût été imprudent de montrer à des femmes enceintes.

*
* *

Le député de la Seine venait à Paris dans l'espoir, disait-il, de faire beaucoup de bien ou, tout au moins, d'empêcher beaucoup de mal ; il se promettait de jouer sa popularité, s'il le fallait, pour arriver à ce double but.

S'il était sincère en disant cela, il suffisait de l'entendre pour en être convaincu ; mais est-il arrivé à faire beaucoup de bien et même un peu de bien ? il est amplement permis d'en douter.

*
* *

Du bien ! c'était certes l'homme le moins bâti pour en faire, dans les moments que nous traversions. Il sentait profondément, il est vrai, à quel point était folle et sans espoir de succès, cette insurrection bloquée, il sentait à quel point le fait de l'occupation prussienne la rendait criminelle, il en désirait ardemment la fin ; mais il avait trop peu oublié ses haines contre ceux qui la combattaient, pour leur être d'un utile secours ; malgré lui ses sympathies restaient, sinon à la révolution du 18 mars, du moins à un certain nombre de révolutionnaires qui l'avaient acceptée. Il voulait voir finir ce mouvement, mais, après le combat du Mont-Valérien, s'il savait demander compte à la Commune de cette sortie malencontreuse, lorsque les fédérés morts revenaient par charretées, il ne savait pas étouffer sa colère contre les Versaillais qui les avaient tués. Aveuglé par le sang qui coulait auprès de lui, il oubliait qu'au même instant, des soldats rentraient à Versailles, la poitrine trouée par les balles de la Commune.

*
* *

Du moins a-t-il pu empêcher du mal? Je le crois : ici, son horreur du sang, sa nature d'honnête homme l'ont mieux servi; Rochefort n'était pas avare de ses pas et de sa plume pour les citoyens menacés qui s'adressaient à lui; je pourrais citer à ce sujet plusieurs anecdotes qui sont tout à son honneur.

Mais, hélas! des démarches auprès d'un Rigault!...

Rochefort put constater bientôt à quel point c'était peine perdue.

*
*

Quant à sa popularité, il l'a jouée, en effet, on dit même qu'il l'a perdue.

*
* *

Une petite scène dont je fus témoin, m'éclaira bientôt sur le but que poursuivait Rochefort.

La commission exécutive (communale) venait d'interdire une réunion que quelques citoyens avaient provoquée place de la Bourse, dans un but de conciliation; conciliation, c'est trahison! déclarait l'affiche de la Commune. Le pamphlétaire arriva au journal dans un état d'exaspération imaginable.

« Concevez-vous çà, s'écriait-il, voilà quinze jours que
» l'on s'égorge, sans trop savoir au fond pourquoi, et
» lorsque les citoyens, que cela intéresse un peu, je sup-
» pose, viennent demander des explications, MM. de la
» Commune leur font entendre qu'on ne raisonne pas
» sous les armes! C'est indécent, parole d'honneur!.....
» ils ne veulent pas de conciliation, alors qu'est-ce qu'ils
» veulent? »

Ce n'était donc pas tant le triomphe de l'un ou l'autre parti que désirait Rochefort, qu'une transaction quelconque qui arrêtât l'effusion du sang. Il se trompait du reste absolument, à cette époque, sur le résultat probable de la lutte : reproduisant, à l'occasion du second siége, les assertions de Trochu, sur les chances de combat pendant le siége prussien, Rochefort était convaincu que jamais les Versaillais n'entreraient de vive force à Paris ; comme la Commune paraissait avoir reconnu elle-même qu'une marche sur Versailles était impossible, que, d'un autre côté, les Prussiens menaçaient d'intervenir, il en concluait que le mouvement du 18 mars aboutirait forcément à une entente des deux partis en présence.

Un examen, même superficiel de la collection du *Mot d'ordre*, montre, jusqu'à l'évidence, cette préoccupation constante de Rochefort ; les efforts tentés par la ligue des droits de Paris, tant auprès de la Commune qu'auprès du gouvernement, sont chaque jour relatés, amplifiés, présentés au lecteur, sous la séduisante rubrique : *Dernière heure*, et cela au milieu de la première page ; pour quiconque a assisté à la confection d'un journal, l'intention saute aux yeux ; les associations, créées dans un but de conciliation, sont annoncées au fur et à mesure de leur fondation ; il y a là un effort sérieux, tenté d'une façon persistante, qu'il est juste de constater.

Il y a mieux, et ceci est tout à son honneur : Rochefort avait eu un instant la pensée d'entrer dans cette ligue des droits de Paris, qui représentait, à peu près exactement, le fond de ses aspirations en politique ; après réflexion, il jugea son nom compromettant pour cette œuvre de paix ; c'est la véritable raison qui l'empêcha de s'y associer ouvertement, et, tout en ouvrant toutes grandes les colonnes de son journal, à la propaganoe de la ligue, il ne voulut pas, en y figurant officiellement, donner un prétexte de plus aux méfiances, qui, à Versailles, accueillaient les médiateurs.

— Mais, au moins, lui disais-je un soir, puisque vous voulez la paix, et puisque, lorsque les Prussiens occupent nos forts, une trève entre Français vous paraît nécessaire, cessez d'attaquer aussi violemment les agissements de Versailles ; vous voulez l'apaisement, et, permettez-moi de vous le dire, vous irritez les esprits, ils le sont déjà bien assez.

— Que voulez-vous, répondit-il, je ne connais pas de plus grand plaisir que de dire ce que je pense, si ce n'est de l'imprimer.

— Mais vous frappez à tour de bras des deux côtés.....

— Je ne sais pas ménager la chèvre et le chou.

— Réfléchissez, le vainqueur, quel qu'il soit, vous fera payer cher votre... franchise !

— Ah ! s'écria l'auteur de la *Lanterne*, je ne prétends pas qu'à ce moment là il ne me tombera pas une cheminée sur la tête !

Il me fut impossible d'en tirer autre chose.

Les désagréments inséparables d'un pareil système de politique ne devaient pas tarder à se montrer : huit jours à peine s'étaient écoulés depuis la réapparition du *Mot d'ordre*, que Félix Pyat, rendu brave par son titre et son pouvoir éphémères, appelait tout uniment Rochefort *un mouchard* (vous avez bien lu).

Par un reste de cette prudence qui n'abandonne jamais complétement le plus sournois des Berrichons, il laissait à l'un de ses domestiques, nommé Vésinier, le soin de signer cette injure.

Dès le lendemain, le *Vengeur* recevait sa réponse, et désormais se le tint pour dit ; jamais Rochefort n'avait en si peu de mots, administré pareille volée de bois vert, et, disons-le franchement, jamais il ne s'était servi de son rotin sur deux échines aussi redoutables. Après un pareil éclat, il avait tout à craindre, et les Parisiens qui n'ont pas quitté Paris pendant la Commune ne me contrediront pas.

— « Voilà! conclut Rochefort, après nous avoir donné
» lecture de cet article, qui restera un modèle d'éreinte-
» ment, j'espère que Pyat et consorts, reconnaîtront de-
» main matin, qu'ils commencent à m'ennuyer! »

*
* *

Cet incident était fait pour donner à réfléchir au pamphlétaire ; entrer en lutte avec des gouvernants qui ne rougissaient pas d'insulter leur adversaire, lorsqu'ils avaient le pouvoir en main, avec des journalistes qui ne trouvaient rien de mieux à faire, pour augmenter leur tirage, que de supprimer leurs confrères, c'était peu engageant. Après avoir renvoyé à Pyat la monnaie de sa pièce, Rochefort voulut cesser la publication de son journal, il ne se décida à faire encore deux ou trois numéros, que parce qu'on lui fit comprendre qu'il paraîtrait avoir peur de la Commune.

« — Je pense à une chose, s'écria Rochefort, ces gens-
» là me dégoûtent, je vais me faire supprimer. »

Pendant deux ou trois jours, le journal marcha sous l'influence de cette idée; mais la suppression n'arrivant pas, Rochefort, avec sa mobilité d'esprit extraordinaire, oublia tout cela.

*
* *

Après le dégoût que lui inspiraient les tristes ennemis qu'il avait à combattre, Rochefort donnait, pour expliquer la suppression volontaire de son journal, des raisons d'un ordre tout autre ; l'arrestation de Chaudey, survenue après une polémique engagée par le *Père Duchêne*, l'avait extraordinairement frappé. Quoiqu'il fît les efforts les plus sincères pour ne laisser passer dans le *Mot d'Ordre* que des attaques contre des adversaires suffisamment abrités, soit par leur attache officielle ou officieuse à la Commune, soit par leur séjour à Versailles, il pouvait se glisser à son insu, dans l'organe qu'il dirigeait, quelque article qui donnât au gouvernement ombrageux de l'Hôtel-de-Ville l'occasion d'intervenir ; une phrase, une plaisanterie dirigées contre un conservateur, un réactionnaire restés à Paris, pouvaient provoquer une seconde édition de l'affaire Chaudey ; Rochefort tremblait à cette idée.

Il est impossible que la presse conservatrice, qui n'a pas quitté la capitale, n'ait pas été frappée de ce fait ; Rochefort ne l'attaquait pas, ou s'il le faisait, c'était avec une grande circonspection ; il admirait l'attitude courageuse de la presse parisienne, et ne cachait pas à ses amis la stupéfaction qu'il en ressentait parfois.

*
* *

Une anecdote me revient au sujet de ce douloureux incident Chaudey :

Je trouvai un soir Mourot en conférence avec un jeune homme, que je sus plus tard être attaché au *Mot d'Ordre* :

— « X..., disait Mourot, se souvenant que sous l'Empire j'ai été gérant d'un *Père Duchêne*, m'a proposé de faire une concurrence avec celui de Vermersch, il y a, paraît-il, de l'argent à gagner ; mais, comme j'ai refusé, il m'a prié de vous proposer l'affaire ; vous agirez comme vous l'entendrez ; mais, si vous m'en croyez, vous refuserez aussi, c'est, ma foi, une triste besogne ; du reste, si vous acceptiez, je dois vous dire qu'il faudrait vous séparer de Rochefort. »

— Pourquoi cela, ne pourrait-on faire, sous le titre de la feuille de Vermersch, quelque chose de plus modéré, et que Rochefort accepterait ?

— Non, non, malgré vous, vous seriez entraîné, et puis, vous savez, il y a cette affaire Chaudey qui l'obsède.

*
* *

Si le lecteur veut savoir exactement dans quelle catégorie de journaux le public parisien classait le *Mot d'Ordre*, je lui conseille de consulter un des premiers numéros du *Grelot*, journal hebdomadaire conservateur, qui paraît encore. A la première page de ce numéro, une spirituelle caricature de Bertall, montre Raoul Rigault entrain d'émonder l'arbre de la presse, c'est-à-dire de supprimer les feuilles qui lui déplaisent ; les effroyables ciseaux, dont le délégué à l'ex-préfecture s'est armé pour cette opération, sont occupés à la section violente d'une branche, sur laquelle une seule feuille, le *Mot d'Ordre* vient de pousser ; la conclusion est facile à tirer.

*
* *

Rochefort s'amusait fort un soir, en considérant l'œuvre de Bertall : — « Cet animal de Rigault, disait-il, il y a quelques mois, lorsque je dirigeais la *Marseillaise*, je montais au journal, lorsque je l'entendis se disputer violemment avec Humbert ; du plus loin qu'il m'aperçut il se précipita vers moi en s'écriant : Croiriez-vous que Humbert n'a pas honte, en pleine *Marseillaise*, de faire de la réclame *à ce réactionnaire de Robespierre.* »

Avec ces quatre derniers mots, Rochefort fit le titre d'un article dirigé contre Rigault ; quoique le farouche préfet de police ne fut pas nommé, il fut bien forcé de se reconnaître ; l'article en question contribua, dans une certaine mesure, à donner du courage aux quelques membres intelligents de la Commune dont cet homme était la bête noire ; quelques jours après, Rigault était supplanté par Cournet.

Ce dernier, malheureusement surveillé de près par les

hommes du parti Rigault, qui remplissaient la préfecture de police, ne put ou n'osa pas justifier les espérances que les honnêtes républicains plaçaient en lui.

J'arrive au point qu'il m'est le plus doux de développer; c'est surtout pour ce que je vais dire que j'ai cru devoir publier ces notes; Rochefort est un adversaire convaincu de la peine de mort, cette horreur du sang versé, qui sera, je l'espère fermement, sa sauvegarde devant le tribunal qui va lui demander des comptes, cette haine des boucheries apparaît dans tous ses actes, dans toutes ses paroles; ici, Rochefort est vraiment inattaquable : le peuple brûle l'échafaud au pied de la statue de Voltaire, Rochefort en prend acte et l'invite à ne pas remplacer la guillotine par le feu de peloton.

Je n'oublierai jamais l'émotion sincère que montra Rochefort, lorsque la cour martiale prononça, dans sa première séance, une condamnation à mort. Il était navré. Tout en faisant son article du jour au sujet de cette condamnation, article où se trouve une phrase qui lui fait honneur (le jour où les boucheries commenceront, le *Mot d'ordre* aura cessé de paraître), Rochefort laissait échapper des paroles qui le peignent tout entier : « Si c'est ainsi qu'ils commencent, ils iront loin ! » Puis, passant à d'autres idées : « La Commune n'osera pas !... elle » va commuer. Nous avons encore le temps, le condamné » a 24 heures... Mourot, comment se nomme-t-il ce malheureux-là, Bidault ?... Giraud ?... »
Le lendemain la Commune fit grâce.
Avec de pareils sentiments, Rochefort était, comme on le pense bien, tout à la disposition de ceux qui avaient à craindre pour leur existence ou leur liberté ; c'étaient des lettres continuelles à Cournet, à Rigault, en faveur

de l'abbé Croze, qu'il avait connu à Sainte-Pélagie, en faveur de M. Claude, en faveur de l'abbé Allard, pour qui les étudiants de l'hôpital Necker avaient demandé son intervention ; c'était le précepteur des enfants du maréchal Mac-Mahon qu'il avait le bonheur de sauver ; c'était un malheureux ouvrier mégissier, arrêté, je ne sais pourquoi, qui lui écrivait : « Je vous dois la liberté et la vie...»

Puisque je parle ici dè la bonté personnelle de Rochefort, me sera-t-il permis, au milieu des allégations malveillantes dont il est le sujet, dans la presse que nous subissons, de relever la calomnie absurde qui le représente comme ayant laissé mourir son père dans une misère noire ?

Les personnes qui ont approché Rochefort et qui ont pu apprécier son caractère, savent si cela est possible ; il me suffira, dans tous les cas, pour ceux qui ne le connaissent pas, d'affirmer ceci : Rochefort n'a cessé de servir à son père une pension de 400 francs par mois, et ce fait est d'autant plus honorable que Rochefort ne gagne d'argent que lorsqu'il tient une plum c'est-à-dire par intermittences assez éloignées, et qu'il est loin de connaître l'art de faire des économies.

La Commune, que la popularité de Rochefort effrayait, avait feint longtemps de le prendre pour un allié ; le doute ne fut bientôt plus possible, et force lui fut d'entrer officiellement en lutte avec ce terrible donneur de coups d'épingles ; le *Mot d'Ordre* accueillait précipitamment tout ce qui pouvait être désagréable à l'Hôtel-de-Ville ; ce journal, qui paraissait continuellement lui dire : « Tu gouvernes comme une brute, et c'est dommage, car je t'aime beaucoup », portait sur les nerfs à ces dictateurs-journalistes (un terme de Rochefort).

* *

Deux ou trois fois déjà, la Commune avait songé à supprimer Rochefort ; elle résolut enfin de donner suite au mandat d'amener qui, depuis plusieurs jours, menaçait le pamphlétaire. La publicité qu'il venait de donner à la démission de Rossel, ainsi qu'à la lettre collective des vingt-un membres de la Commune, lettre qui constatait, *coram populo*, l'anarchie dans laquelle était tombé le gouvernement du 18 mars, fit décider l'arrestation. J'ignore par qui Rochefort fut averti, mais je sais qu'il n'eut que le temps de sauter dans un fiacre avec Mourot, et de partir ; les rédacteurs n'étaient prévenus de rien, et le soir, trouvèrent porte close. Henri Maret ne savait ce que cela voulait dire, et se plaignit ; les rédacteurs, croyant à une absence momentanée, commencèrent un numéro, qui, du reste, ne parut pas.

Le lendemain, *la Politique*, journal rédigé par un rédacteur du *Temps*, insérait la dernière niche de cet enfant terrible : « Voulez-vous annoncer à vos lecteurs, disait Rochefort, qu'en présence des suppressions multipliées de journaux, et de la loi sur la presse que la Commune vient de nous envoyer, *le Mot d'Ordre* met son honneur à se supprimer lui-même. »

*
* *

On peut faire bien des reproches à Rochefort ; il a eu le tort de garder en France sa note crue de Bruxelles, mais est-il permis, comme on l'a fait, d'accuser cet homme d'avoir sciemment encouragé les désordres de la rue? Sa conduite depuis un an proteste contre cette calomnie. Rochefort, en prison au 4 septembre, se vit, en moins de deux heures, introduit au gouvernement sans trop savoir d'où cette prospérité lui tombait ; pendant un mois ou six semaines qu'il fut l'un des gouvernants de la capitale, il fit les efforts les plus consciencieux pour déposer le pouvoir : il n'y parvint qu'en octobre ; il ne fit pas de phrases, ne prit pas d'attitude, il constata purement et simplement son désaccord et s'en revint chez lui avec quarante francs dans sa poche. (Historique.)

Il pouvait alors battre monnaie avec son talent, et l'on se rappelle que la presse jouissait alors d'une liberté de fait, qui lui eût assuré l'impunité ; il n'en fit rien : Citoyen d'une ville assiégée, il ne voulut pas être un embarras de plus dans la terrible situation où nous nous trouvions ; il pratiqua, pendant ces quatre mois de siége, l'abstention de son talent ; c'est là un acte qui, je le déclare hautement, ne manque pas de grandeur, et doit plaider pour lui ; il pouvait, en disant ce qu'il pensait, gagner de l'argent, (il en avait besoin, je le sais) et trouver un regain de popularité. Mais les Prussiens étaient là, et Rochefort est un patriote,

Nommé à l'Assemblée nationale, il resta député juste le temps de protester contre la paix, et donna sa démission. Rochefort tenait la parole jurée à ses électeurs.

Aux élections de mai, on voulut lui imposer une candidature à la Commune : il répondit sans rire, que son médecin lui défendait de se coucher tard ; Rochefort n'est donc pas un ambitieux.

*
* *

On ne voit donc pas dans quel intérêt il aurait épousé la querelle des agitateurs de mars ; aussi ne l'a-t-il pas fait. Mais n'étant pas l'ami de la Commune, il voulut rester l'ennemi de Versailles, et cela devait le conduire où il est.

Paris. — Impr. Schiller, 10 Faub.-Montmartre.